U0944824

Montargis

Commémoration de l'anniversaire du Musée historique de l'Amitié franco-chinoise à Montargis

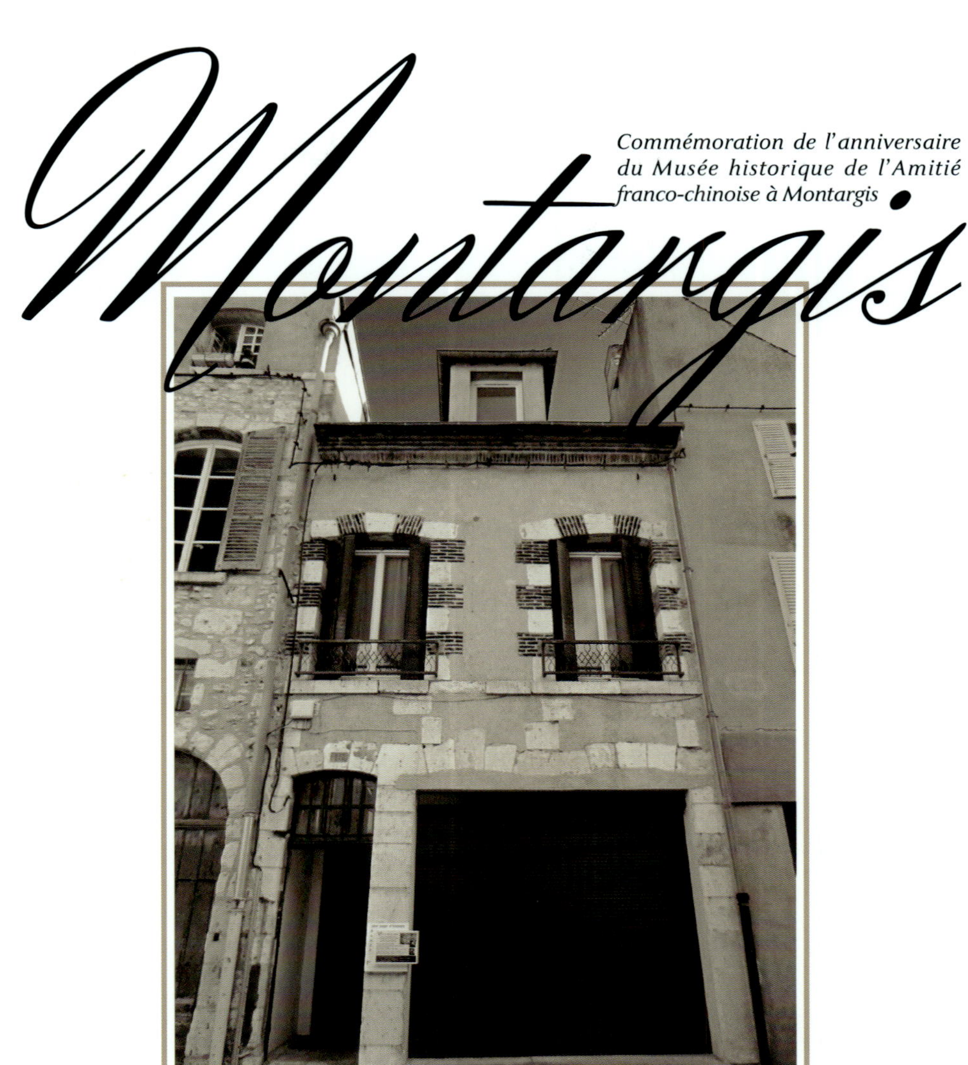

蒙达尔纪纪念馆

周年纪

CNS PUBLISHING & MEDIA | 湖南人民出版社

一切向前走，都不能忘记走过的路；走得再远、走到再光辉的未来，也不能忘记走过的过去，不能忘记为什么出发。面向未来，面对挑战，全党同志一定要不忘初心，继续前进。

——习近平在庆祝中国共产党成立 95 周年大会上的讲话

Nous marcherons en avant, sans oublier le chemin que nous avons parcouru. Peu importe la distance que nous devrons couvrir vers un avenir brillant, nous ne pourrions oublier le passé ni la raison de notre départ. Face à l'avenir et aux défis, tous les membres du Parti communiste chinois se devront de rester fidèles à leurs idéaux et de poursuivre leur progression.

- Discours de Xi Jinping prononcé lors de la Conférence de commémoration du 95e anniversaire de la fondation du Parti communiste chinois

蒙达尔纪
纪念馆
周年纪

Commémoration de l'anniversaire du Musée historique de l'Amitié franco-chinoise à Montargis

目录
Catalogue

24

一项“ 跨国工程 ”

Projet transnational

41

一大精品陈列

Exposition d’objets représentatifs

58

一扇时代窗口

Vitrine de l’époque

Montargis

一次意外“收获”

Fruit du hasard

2016年6月12日，时任湖南省委副书记、省长杜家毫发表署名文章，讲述了他率团赴法开展经贸交流合作过程中的一次意外收获。老一辈革命家当年的求索历程，让他心潮澎湃、精神振奋；保存完好的遗迹，让他喜出望外、恋恋不舍；不忘初心的信念，让他果断决策——买下她，保护她，让她向世界讲述中国为什么选择马克思主义、为什么走社会主义道路的故事；让她穿越时空，跨越国界，搭起历史与未来、中国与世界的连心桥、合作路。

Le 12 juin 2016, Du Jiahao, alors secrétaire adjoint du comité du Parti communiste chinois (appelé ci-après PCC) pour la province du Hunan et gouverneur de cette même province, a fait publier un article signé dans lequel il a raconté sa découverte faite par hasard d'une histoire des premières années du PCC, alors qu'il était à la tête d'une délégation en France consacrée à la coopération et aux échanges commerciaux et économiques. Etre à la recherche des anciens révolutionnaires chinois l'a submergé d'émotion et l'a revigoré ; les objets du passé conservés en bon état l'ont enchanté et fasciné ; sa conviction l'a immédiatement poussé à les acquérir et les protéger, pour qu'ils puissent raconter au monde la raison pour laquelle la Chine a choisi le marxisme et poursuivi la voie socialiste, de sorte qu'ils surviennent au temps et aux frontières et qu'ils servent de pont reliant le passé et l'avenir, ainsi que la Chine et le reste du monde.

02 要 闻 湖南日报

一次意外"收获"

——纪念中国共产党成立九十五周年

杜家毫

强降雨多发期到来

省防指要求严肃防汛调度纪律

喝拦门酒、尝合拢宴、跳摆手舞

"非遗游园会"集中展示潇湘近百项非遗

"四位一体"治理小区

探索创新：党建引领，四方联动，四位一体

难点突破：改革物业管理，破解维修基金动用难

红心猕猴桃"攻坚"天星村

2014年11月，应法国中央大区主席博诺先生的邀请，时任中共湖南省委副书记、省长杜家毫率省政府代表团赴法开展交流合作。

En novembre 2014, suite à l'invitation de François Bonneau, président de la région Centre-Val de Loire, Du Jiahao, alors Secrétaire adjoint du comité du PCC pour la province du Hunan et Gouverneur de cette même province a visité la France, à la tête d'une délégation du gouvernement provincial, pour promouvoir les échanges et la coopération réciproques.

2014.11

与中央大区主席博诺签署《法国中央大区与中国湖南省友好合作备忘录》

Signature avec François Bonneau, président de la région Centre-Val de Loire, du *Mémorandum concernant la coopération amicale entre la Province chinoise du Hunan et la Région Centre-Val de Loire en France*.

与图尔学区教育委员会主席雷涅尔座谈并签署《关于建立法国图尔学区和中国湖南省校际合作备忘录》

Signature avec Marie Reynier, rectrice de l'Académie d'Orléans-Tours, du *Mémorandum concernant la coopération inter-écoles entre la ville de Tours, en France, et la province chinoise du Hunan.*

踏上巴黎的第一天，引起杜家毫兴趣的，不是当地的美丽景象，而是当年中国老一辈革命家万里求索的革命精神，特别是湘籍革命家身上那种“心忧天下、敢为人先”的湖湘情怀。

Lors de sa première journée à Paris, Du Jiahao n'a pas été intéressé par la beauté des sites locaux, mais par l'esprit révolutionnaire d'anciens révolutionnaires chinois, en particulier ceux originaires du Hunan, qui ont parcouru une longue distance pour rechercher la vérité et qui se souciaient avant tout du sort de la nation chinoise et se comportaient en pionniers.

1919.3

蒙达尔纪火车站，1919 年 3 月，它迎来了第一批赴法勤工俭学的中国青年

Gare de Montargis. En mars 1919, les premiers jeunes étudiants-ouvriers chinois y sont arrivés.

航拍蒙达尔纪小镇

Montargis vu du ciel.

蒙达尔纪小镇

Montargis.

立在蒙达尔纪火车站的中法文双语纪念牌

Plaque commémorative en français et en chinois dressée à la gare de Montargis.

2014 年命名的邓小平广场

Place Deng Xiaoping baptisée en 2014.

在法国著名企业施耐德集团总部参观洽谈时，一张邓小平同志当年在法勤工俭学时的“员工登记表”吸引了杜家毫的注意

Formule d'enregistrement de Deng Xiaoping lors de son séjour en tant qu'étudiant-ouvrier en France, ayant attiré l'attention de Du Jiahao lors de sa visite au siège du groupe français Schneider Electric.

Chinois

SCHNEIDER & Cie

N° DU DOSSIER 62175

N° DU SERVICE 07796

N° D'INSCRIPTION

SERVICE DU PERSONNEL OUVRIER

BUREAU D'EMBAUCHAGE

Nom et Prénoms : Teng Hi Hien

Date d'inscription : 2 avril 1921

Age : 16 Né le : 12 juillet 1904 Taille :

État civil : C. Enfants :

Lieu de naissance : Chungking - Pce de Setchouan

Domicile de l'ouvrier :

Domicile de la famille :

Membres de la famille occupés à l'Usine :

Service militaire :

Profession : Etudiant

Emploi demandé :

SERVICES ANTÉRIEURS ET RENSEIGNEMENTS DIVERS

AVIS DE LA DIRECTION

2 AVR. 1921

与法国电影专业委员会副主席弗兰克先生交流时，杜家毫对湘籍革命家在法勤工俭学的往事产生了浓厚兴趣

Les échanges avec Frank, vice-président de la Commission nationale du Film en France, au sujet de l'histoire des révolutionnaires originaires du Hunan durant leur séjour comme étudiants-ouvriers en France, ont vivement intéressé Du Jiahao .

听了有关蒙达尔纪历史的介绍并参观李维汉、李富春等故居后，杜家毫立刻萌生了把故居买下来改建成纪念馆的想法，指示随访人员洽谈

Après avoir un peu appris l'histoire de Montargis et visité l'ancienne résidence de Li Weihan, Li Fuchun entre autre, Du Jiahao a eu l'idée d'acheter cette résidence pour la transformer en musée. Il a par la suite confié les négociations à des membres de la délégation.

Montargis

一段"时空对话"

Conversation à travers l'espace et le temps

蔡和森、蔡畅、李立三、向警予等人在湖南都有纪念馆，如果我们共同努力，把湖南的纪念馆与法国的纪念馆联系起来，就能够更好地反映这些革命先辈成长、斗争的历史。另一方面，还可以开发旅游线路……让中国游客既可以到法国观光，又能参观革命遗迹，还能带动"中国城"的发展。

——杜家毫

On trouve dans le Hunan des musées à la mémoire de Cai Hesen, de Cai Chang, de Li Lisan et de Xiang Jingyu. Si nous travaillons ensemble pour nouer des relations entre eux et la France, nous pourrons certainement mieux présenter l'histoire de l'épanouissement et de la lutte de ces révolutionnaires. De plus, nous pourrons exploiter de nouveaux itinéraires touristiques. Cela permettra aux touristes chinois d'admirer des paysages en France, de visiter des sites révolutionnaires, et de stimuler le développement des Cités chinoises.

- Du Jiahao

1920.7

1920 年 7 月，留法的新民学会会员在蒙达尔纪举行会议，讨论会务发展方针和改造中国道路的问题。与会者 1 为向警予，3 为蔡畅，7 为蔡和森，11 为罗学瓒，19 为李维汉

En juillet 1920, les membres de l'Institut Xinmin étudiant en France organisent une réunion à Montargis pour échanger au sujet du principe de développement de l'Institut, et de la voie en faveur de la transformation de la Chine. Sur la photo, 1-Xiang Jingyu, 3-Cai Chang, 7-Cai Hesen, 11-Luo Xuezan, 19-Li Weihan.

上图：新民学会会员在蒙达尔纪开会的旧址

En haut : Lieu de la réunion de l'Institut Xinmin, à Montargis.

下图：长沙的新民学会成立旧址

En bas : Ancien site de l'Institut Xinmin fondé à Changsha, province du Hunan.

1920

1920 年春假，在蒙达尔纪男女两公学学习的中国勤工俭学生合影。前排左起：1 为蔡和森，2 为向警予，4 为葛健豪，6 为校长沙博，9 为熊季光，10 为蔡畅

Etudiants chinois apprenant le français dans deux écoles publiques de garçons et de filles à Montargis. Photo prise lors des vacances de printemps, en 1920. Au premier rang : Cai Hesen (1er à gauche), Xiang Jingyu (2e à gauche), Ge Jianhao (4e à gauche), Chapeau (6e à gauche, directeur de l'école de Montargis), Xiong Jiguang (9e à gauche) et Cai Chang (10e à gauche).

1920

1920 年年底，工学世界社参加蒙达尔纪年会代表的合影。左起：前排 4 为蔡和森，三排 4 为李维汉，8 为罗学瓒，后排 5 为李富春

Membres de la Société mondiale de travail-étude participant à la réunion annuelle de Montargis, fin 1920. Sur la photo, Cai Hesen (4e à gauche au premier rang), Li Weihan (4e à gauche au 3e rang), Luo Xuezan (8e à gauche au 3e rang), et Li Fuchun (5e à gauche au dernier rang).

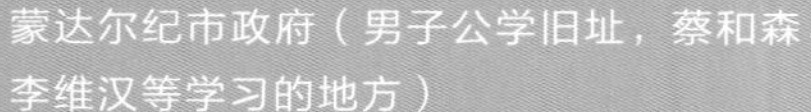

蒙达尔纪市政府（男子公学旧址，蔡和森、李维汉等学习的地方）

Hôtel de ville de Montargis, ancien emplacement de l'école publique de garçons, où Cai Hesen, Li Weihan entre autres ont étudié.

市政府礼堂（男子公学宿舍旧址）

Grande salle de l'hôtel de ville de Montargis, ancien dortoir de l'école publique de garçons.

1920.11

1920 年 11 月 14 日，蒙达尔纪女子公学中国勤工俭学生合影。前排左起：2 为葛健豪，3 为法国女校长；中排左起 1 为蔡畅

Etudiantes chinoises apprenant le français à l'école publique de filles à Montargis, cliché du 14 novembre 1920. Ge Jianhao (2e à gauche au 1er rang), Dumont, directrice de l'école (3e à gauche au 1er rang) et Cai Chang (1ère à gauche au 2e rang).

1920.11

蔡畅在蒙达尔纪女子公学时与同学合影。左 1 为蔡畅，前排坐者左 2 为向警予，后排拄手杖者为葛健豪

Cai Chang (1ère à gauche), Xiang Jingyu (2e assise à gauche au 1er rang), Ge Jianhao (celle qui s'appuie sur une béquille au dernier rang) et leurs camarades à l'école publique de filles à Montargis.

蒙达尔纪女子公学原址

Ancien site de l'école publique de filles à Montargis.

蔡和森、蔡畅故居

Ancienne maison de Cai Hesen et de Cai Chang.

蔡和森纪念馆

Musée de Cai Hesen.

李富春故居

Ancienne maison de Li Fuchun.

李立三故居

Ancienne maison de Li Lisan.

向警予故居

Ancienne maison de Xiang Jingyu.

何长工纪念馆

Musée de He Changgong.

一项“跨国工程”

Projet transnational

这座在法国人眼里曾经是那样普通的老建筑，当揭开她平凡的面纱后，展露的却是一段伟大的历史。这座纪念馆是一项恢复历史的跨国工程，也是重拾历史记忆的文化工程，其中凝结着当代人的敏感与智慧、责任与担当、专业与使命。

Aux yeux des Français, ce bâtiment tant ordinaire pourrait s'avérer extraordinaire grâce à sa glorieuse histoire. Ce musée constitue non seulement un projet transnational en commémoration d'une histoire extraordinaire, mais est aussi dédié à des travaux culturels à la recherche de la mémoire historique, car il cristallise la sensibilité, la sagesse, la responsabilité, le professionnalisme et la mission des gens à cette époque.

2016.3

2016 年 3 月 1 日，工作团与卢瓦亥省东部地区行政公署署长会面交流情况

1er mars 2016, rencontre entre le groupe de travail du côté chinois et Paul Laville, sous-préfet de l'Est du Loiret.

2016 年 3 月 2 日，蒙达尔纪市市长多尔和来自湖南省的工作团交流工作情况

2 mars 2016, rencontre entre Jean-Pierre Door, maire de Montargis Loiret, et le groupe de travail originaire de la province du Hunan.

2016 年 3 月 2 日，工作团现场勘察

Visite sur place du groupe de travail le 2 mars 2016.

工作团与纪念馆的邻居们交流，取得他们的理解和支持

Echanges entre le groupe de travail et des voisins du musée à Montargis, en vue de gagner leur compréhension et leur soutien.

中共湖南省委党史研究室和中南出版传媒集团相关人员讨论纪念馆的内容、布局和陈设等

Discussion entre le Bureau de recherches sur l'historie du Parti de son comité pour la province du Hunan et le Groupe de Publication et de Médias du Centre-Sud de la Chine, au sujet du contenu, de la disposition et des objets exposés du musée.

上图：时任湖南省外事侨务办主任肖百灵（前排左 3）和时任中共湖南省委党史研究室主任张志初（前排左 4）就蒙达尔纪纪念馆的相关工作组织开会讨论

En haut : Xiao Bailing (3e à gauche), alors directrice du Bureau des affaires étrangères et des Chinois d'outre-mer de la province du Hunan, et Zhang Zhichu (4e à gauche), alors directeur du Bureau de recherches sur l'histoire du Parti relevant du comité du Parti pour la même province, en pleine discussion sur le Musée historique de l'Amitié franco-chinoise à Montargis.

下图：湖南出版投资控股集团党委书记、董事长，中南出版传媒集团董事长龚曙光（左 1）带队查看布展情况

En bas : Gong Shuguang (1er à gauche), PDG et secrétaire du comité du Parti pour le Groupe holding d'investissement de médias du Hunan, et PDG du Groupe de Publication et de Médias du Centre-Sud de la Chine, suivant de près le déroulement de la préparation de l'exposition.

各方进一步讨论布馆方案

Discussions plus poussées sur la mise en exposition des objets.

馆品移交签字仪式在巴黎举行

Cérémonie de signature pour la remise des objets, à Paris.

湖南中南传媒会展有限公司工作人员在紧锣密鼓地进行开馆前的准备工作

Travailleurs du Société d'exposition internationale du Groupe de Publication et de Média du Centre-Sud de la Chine préparant l'ouverture du musée.

2016.8

巴黎当地时间 2016 年 8 月 27 日下午 13 时 30 分，在法国的蒙达尔纪，雷蒙特列街 15 号，中国旅法勤工俭学蒙达尔纪纪念馆开馆仪式正式举行。

Le 27 août 2016, à 13h30 heure locale, au 15, rue Raymond Tellier, a lieu la cérémonie d'ouverture du Musée historique de l'Amitié franco-chinoise.

各方代表入场

Entrée des représentants.

隆重的开馆仪式

Cérémonie d’ouverture.

隆重的开馆仪式

Cérémonie d'ouverture.

左图： 时任湖南省政府外事侨务办公室主任肖百灵主持开馆仪式

A gauche : Xiao Bailing, alors directrice du Bureau des affaires étrangères et des Chinois d'outre-mer du gouvernement provincial du Hunan, présidant la cérémonie d'ouverture.

右图： 时任长沙市市长胡衡华作为时任湖南省省长杜家毫的特别代表致辞

A droite : Hu Henghua, alors maire de Changsha et représentant spécial de Du Jiaohao, gouverneur du Hunan, prononçant une allocution.

左图：法国中央大区主席博诺先生致辞

A gauche : François Bonneau, président de la Région Centre-Val de Loire, prononçant un discours.

右图：中国旅法勤工俭学革命先辈后人代表、李立三之女李英男致辞

A droite : Li Yingnan, représentante des descendants des étudiants-ouvriers révolutionnaires chinois en France et fille de Li Lisan, lors de son discours.

上图： 蒙达尔纪市市长多尔致辞

En haut : Jean-Pierre Door, maire de Montargis Loiret, lors de sa prise de parole.

中图： 中国驻法国大使馆大使翟隽先生致辞

Au milieu : Zhai Jun, ambassadeur de la Chine en France, lors de son discours.

下图： 法国中央大区前行政署长梅达先生致辞

En bas : Nacer Meddah, ancien préfet de la Région Centre-Val de Loire, prononçant un discours.

开馆仪式当天，长沙县与蒙达尔纪签署友好合作意向书

Signature d'un accord d'intention sur la coopération amicale entre Montargis et le district de Changsha lors de l'ouverture du Musée.

当天入馆参观的中法友好人士和当地群众

Amis chinois et français et habitants locaux visitant le musée lors de l'ouverture.

Montargis

一大精品陈列

Exposition d'objets représentatifs

岁月如歌，风雨如晦。当年老一辈革命家怀着探求救国救民真理的美好愿望来到法国勤工俭学。他们艰辛倍尝，他们初心不改，在法兰西终得革命的真谛，终树革命的信念。一件件珍贵文物，一张张历史图片，拂去了历史的尘埃，让那段历史、让那种精神光耀千秋，永世传承。

L'ancienne génération des révolutionnaires chinois était à la recherche d'une vérité pour sauver le pays et le peuple. Bravant les difficultés, ils se rendirent en France en tant qu'étudiants-ouvriers. Malgré toutes les épreuves, leur noble idéal ne fut jamais ébranlé, et ils trouvèrent leur vérité au sein de la civilisation française et s'armèrent d'une conviction révolutionnaire. Les objets et les photos, extirpés des oubliettes de l'histoire, permettent de remettre en valeur cette histoire et l'esprit de ces révolutionnaires méritant d'être transmis de génération en génération.

CASEO SOJAINE
46, Rue Denis-Papin
LES VALLÉES

展馆陈列布局

Exposition.

展馆陈列布局

Exposition.

展馆陈列布局

Exposition.

1919.3

1919 年 3 月 15 日，环球中国学生会在上海静安寺路 51 号欢送第一批旅法勤工俭学生合影。最后排右 1 为专程由京抵沪欢送的毛泽东

15 mars 1919, au 51, rue Jing'ansi à Shanghai, l'Association mondiale des étudiants chinois a organisé une cérémonie de départ pour les premiers étudiants-ouvriers envoyés en France. Mao Zedong (1er à droite au dernier rang) s'est lui-même rendu à Shanghai pour participer à ces au revoir chaleureux.

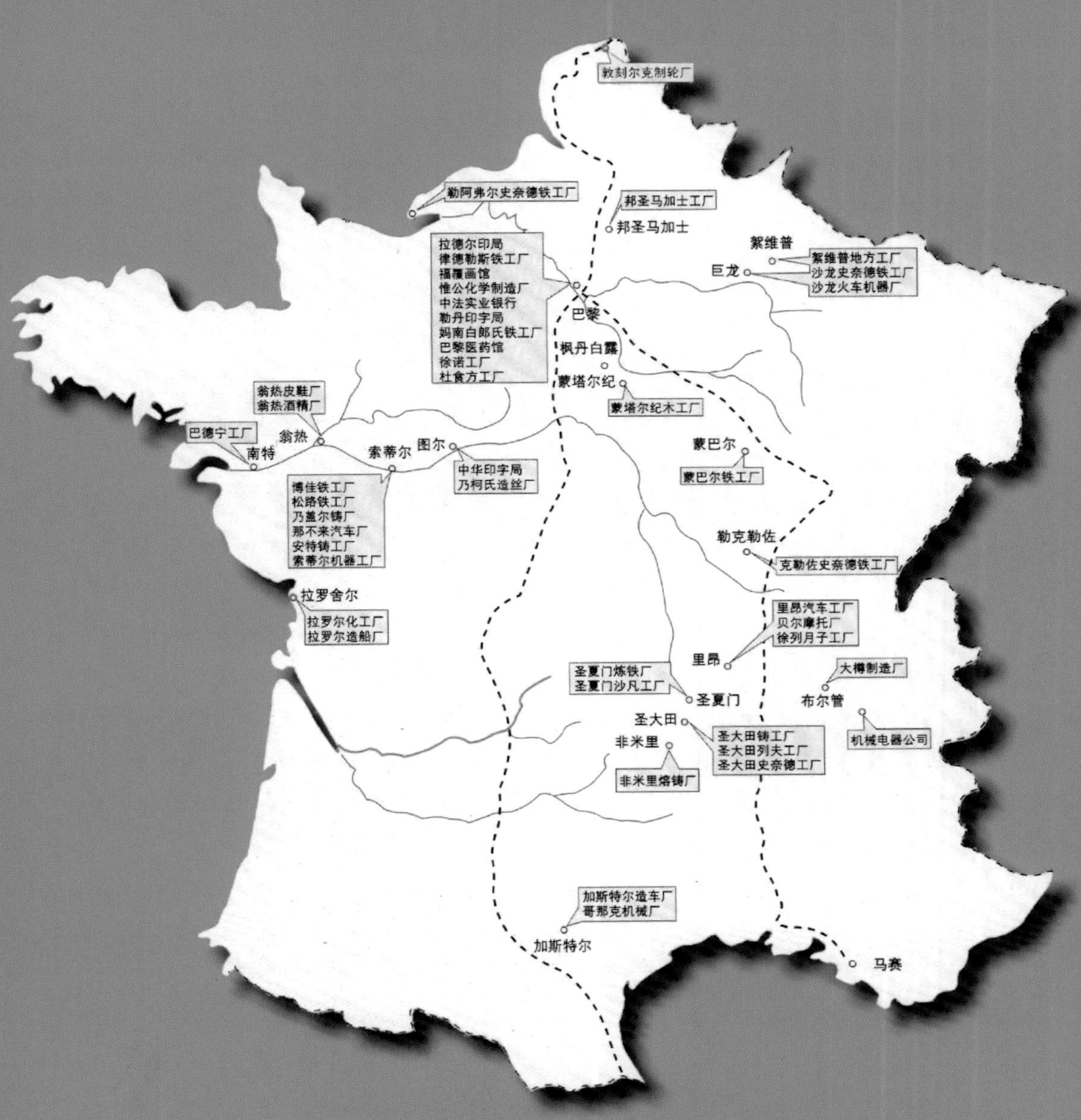

勤工俭学生所在工厂分布图

Répartition des usines où travaillaient les étudiants-ouvriers chinois.

1921.7

1921 年 7 月 23 日，工学世界社在蒙达尔纪召开会议，邀请勤工俭学会代表李立三参加，讨论加强团结和成立共产主义组织的问题。图为与会人员合影。左起：前排 8 为李立三，10 为萧三；3 排 1 为李富春，10 为蔡和森；后排 7 为李维汉

23 juillet 1921, à Montargis, la Société mondiale du mouvement Travail-Etudes organise un congrès et invite Li Lisan, représentant de l'Association des étudiants-ouvriers chinois en France pour discuter du renforcement de la solidarité et de la création d'une organisation communiste. Sur la photo, Li Lisan (8e à gauche, 1er rang), Xiao San (10e à gauche, 1er rang), Li Fuchun (1er à gauche, 3e rang), Cai Hesen (10e à gauche, 3e rang) et Li Weihan (7e à gauche, dernier rang).

历届勤工俭学生赴法一览表

批次	从上海起程日期	船名	人数	抵法日期及地点	知名人物	备注
1	1919年3月17日	因幡丸(日)	89	1919年5月10日	林蔚、欧阳钦、沈宜甲	经英国
2	1919年3月31日	贺茂丸(日)	26	1919年5月20日	周世昌	经英国
3	1919年4月14日	伊豫丸(日)	2	1919年6月6日		经英国
4	1919年7月13日	三岛丸(日)	57	1919年9月2日	罗学瓒、齐连登、陈书乐、王树堂	经英国
5	1919年8月14日	麦浪号(法)	78	1919年10月10日	陈毅	
6	1919年8月25日	盎特莱蓬号(法)	54	1919年10月1日	任光	
7	1919年9月29日	博尔多斯号(法)	9	1919年11月12日	徐特立、熊信吾	
8	1919年10月16日	渥隆号(美)	48	1919年11月25日	王若飞、李卓然	内有朝鲜6人
9	1919年10月31日	宝勒加号(法)	207	1919年12月7日	李维汉、李富春、李立三、张昆弟、贺果、李林、吴振环	从香港登轮58人
10	1919年11月22日	勒苏斯号(英)	40	1920年1月23日	黄齐生、熊芷难	
11	1919年12月9日	司芬克斯号(法)	158	1920年1月14日	聂荣臻、颜昌颐、钟汝梅、饶来杰	
12	1919年12月25日	盎特莱蓬号(法)	92	1920年1月28日	蔡和森、向警予、蔡畅、葛健豪	从香港登轮40余人
13	1920年2月15日	博尔多斯号(法)	55	1920年3月25日	许德珩	内有朝鲜3人从香港登轮19人
14	1920年4月1日	宝勒加号(法)	110	1920年5月7日	王光祈	从香港登轮60余人
15	1920年5月9日	阿尔芒勃西号(法)	126	1920年6月15日	赵世炎、肖三、陈绍休、熊锐、傅烈、唐铎	内有朝鲜5人
16	1920年6月25日	博尔多斯号(法)	220	1920年8月4日	刘伯坚、陈公培	从香港登轮120余人
17	1920年9月11日	盎特莱蓬号(法)	89	1920年10月19日	邓小平、江泽民、周文楷、冉钧、傅汝林	
18	1920年11月7日	博尔多斯号(法)	197	1920年12月13日	周恩来、傅钟、郭隆真、王守义	
19	1920年11月24日	高尔埃地号(法)	22	1920年12月27日	张申府、刘清扬	
20	1920年12月15日	智利号(法)	134	1921年1月20日	何长工、穆青、李季达、肖朴生、程子建、高风、	从香港登轮6人

历届勤工俭学生赴法一览表

Tableau synoptique des étudiants-ouvriers chinois en France.

1923.2

1923 年 2 月 17 日至 20 日，旅欧中国少年共产党召开临时代表大会。会议决定加入中国社会主义青年团。大会选出 5 名执行委员，周恩来任书记。图为大会代表合影。左起：前排 1 为高风，2 为赵世炎，5 为佘立亚，6 为陈乔年，8 为陈延年。2 排 3 为刘伯坚。后排 5 为傅钟，9 为薛世伦，10 为周恩来，13 为林蔚，14 为汪泽楷

Du 17 au 20 février 1923, les jeunes communistes chinois en Europe ont organisé une conférence provisoire de leurs représentants et décidé de leur adhésion à la Ligue de la Jeunesse socialiste de Chine. Lors de la conférence, ont été élus 5 membres exécutifs, dont Zhou Enlai comme secrétaire général. Sur la photo, les participants de la conférence. Au premier rang : Gao Feng (1er à gauche), Zhao Shiyan (2e à gauche), She Liya (5e à gauche), Chen Qiaonian (6e à gauche), et Chen Yannian (8e à gauche). Au 2e rang : Liu Bojian (3e à gauche). Au dernier rang : Fu Zhong (5e à gauche), Xue Shilun (9e à gauche), Zhou Enlai (10e à gauche), Lin Wei (13e à gauche) et Wang Zekai (14e à gauche).

1922.8 1924.2

左图：1922 年 8 月 1 日，中国共产主义青年团旅欧支部创办机关刊物《少年》月刊，图为《少年》第二期

A gauche : *Shao Nian* (*La Jeunesse*), N° 2, revue mensuelle fondée le 1er août 1922 par la cellule de la Ligue de la Jeunesse communiste Chinoise en Europe.

右图：1924 年 2 月 1 日，《少年》改为《赤光》半月刊。图为《赤光》第十七期

A droite : *Chi Guang* (*Lumière Rouge*), N° 17, revue bimensuelle prenant la suite le 1er février 1924 de *Shao Nian*.

展馆内的每一件展品都弥足珍贵，复原殊为不易。

Tous les objets du musée sont précieux, et leur remise en état a été extrêmement difficile.

向蔡同盟铜像

Statue en bronze de Xiang Jingyu et de Cai Hesen.

当年邓小平在蒙达尔纪骑过的自行车

Genre de vélo utilisé à l'époque par Deng Xiaoping à Montargis.

中国旅法勤工俭学生使用过的桌椅和家具

Tables, chaises et meubles des étudiants-ouvriers chinois.

中国留法勤工俭学人员做工时使用的工具

Outils utilisés par les étudiants-ouvriers chinois
lors de leur travail.

承展方中南国际会展有限公司设计的融入湖南元素的创意工艺品，得到了时任湖南省省长杜家亳的高度评价。参观者们爱不释手。

Les œuvres d'art intégrant les particularités du Hunan, conçues par la Société d'exposition internationale du Centre-Sud de la Chine chargée de l'organisation de cette exposition, ont été hautement appréciées par Du Jiahao, ainsi que par les visiteurs.

分别印着 1919 年湘江码头和 1919 年蒙达尔纪火车站的湖南醴陵釉彩瓷盘

Assiettes en porcelaine colorée fabriquées à Liling, province du Hunan, respectivement gravées d'un port sur la rivière Xiangjiang en 1919 et de la gare Montargis à cette même année.

蔡和森母亲葛健豪在蒙达尔纪售卖过的手工刺绣复原件

Broderie remise en état, faite à la main et vendue à Montargis, par Ge Jianhao, mère de Cai Hesen.

蔡和森母亲葛健豪在蒙达尔纪售卖过的手工刺绣复原件

Broderie remise en état, faite à la main et vendue à Montargis, par Ge Jianhao, mère de Cai Hesen.

Montargis

一扇时代窗口

Vitrine de l'époque

这是一座屋，这是一段史，更是一扇窗，一扇引发人们追述既往的记忆之窗，一扇引领人们继续前行的时代之窗。赴法勤工俭学，是老一辈革命家留给我们的遗产，蒙达尔纪纪念馆，是我们留给后人的财富，里面饱含初心、深怀敬意，也凝聚着厚重的希望，让我们的事业永续，让我们的精神永存。

Il s'agit d'un bâtiment, d'une histoire et aussi d'une fenêtre qui suscitent la quête de la mémoire du passé, et qui orientent notre progression vers l'avenir. Le mouvement Travail-Etudes en France est un patrimoine laissé par les anciens révolutionnaires. Ce musée historique est une richesse transmise aux générations à venir. Il met en exergue les nobles idéaux des anciens révolutionnaires, suscite le profond respect envers eux et un véritable espoir sur l'avenir dans le sens d'une œuvre constamment développée se perpétuant dans un esprit d'amitié de compréhension et de promotion réciproque.

法国总统候选人舍米那德在大选期间访问纪念馆

Jacques Cheminade, candidat à l'élection présidentielle, visitant le musée lors de la campagne présidentielle.

法国当地民众参观纪念馆

Habitants locaux visitant le musée.

北京第二外国语学院法国夏斗湖校区学生参观纪念馆

Etudiants de l'Université des Langues étrangères N° 2 de Beijing, séjournant à Châteauroux, visitant le musée.

蒙达尔纪法中友协在馆内组织中国历史讲座

Table ronde sur l'histoire chinoise organisée dans le musée par l'Association Amitié Chine-Montargis.

纪念馆组织法国初中学生参观，讲述中国历史

Collégiens français visitant le musée, avec une présentation de l'histoire chinoise organisée par celui-ci.

欧洲汉语教师在蒙达尔纪培训期间参观纪念馆

Enseignants de chinois en Europe visitant le musée lors de leur session de formation à Montargis.

馆长王培文（左 3）接待 1964 年中法建交第一批留法学生访问纪念馆

Wang Peiwen (3ème à gauche), directrice du musée, avec une partie des premiers étudiants chinois venus en France après l'établissement en 1964 des relations diplomatiques entre la Chine et la France.

Le musée de l'amitié franco-chinoise inauguré à Montargis

Mis à jour le 06/12/2016 à 6H30, publié le 28/08/2016 à 18H21

Le musée historique de l'amitié franco-chinoise a été inauguré à Montargis. Ce lieu unique en son genre retrace l'histoire des jeunes Chinois, qui ont été envoyés dans cette ville du Loiret dans les années 20 pour étudier et travailler. De retour dans leur pays, plusieurs d'entre eux ont joué un rôle important dans la construction de la

法国媒体的报道

Reportage d'un média français.

2017年7月11日至13日，中共湖南省委书记、省人大常委会主任杜家毫会见了来访的法国中央大区主席博诺代表团一行。杜家毫说：2014年的法国之行，我们与法国企业进一步密切了联系；更有意义的是，建立了中国旅法勤工俭学蒙达尔纪纪念馆。

Du 11 au 13 juillet 2017, Du Jiahao a rencontré François Bonneau, lors de sa visite en Chine à la tête d'une délégation. Le premier a déclaré que sa visite en France en 2014 avait permis de davantage resserrer les liens avec des entreprises françaises, et que le plus important consistait en la mise en place du Musée historique de l'Amitié franco-chinoise à Montargis.

图书在版编目（CIP）数据

蒙达尔纪纪念馆周年纪 / 龚曙光主编. —长沙：湖南人民出版社，2017.8
ISBN 978-7-5561-1781-9

Ⅰ. ①蒙…　Ⅱ. ①龚…　Ⅲ. ①留法勤工俭学—纪念馆—介绍—中国
Ⅳ. ①G269.269

中国版本图书馆CIP数据核字（2017）第215024号

MENGDAERJI JINIANGUAN ZHOUNIANJI
蒙达尔纪纪念馆周年纪

主　　编　龚曙光
责任编辑　莫　艳　吴向红
装帧设计　格局视觉 Gervision

出版发行　湖南人民出版社［http://www.hnppp.com］
地　　址　长沙市营盘东路3号
邮　　编　410005

印　　刷　长沙市和一印刷设备有限公司
版　　次　2017年8月第1版
　　　　　2017年8月第1次印刷
开　　本　889 mm × 1194 mm　1/16
印　　张　4.5
字　　数　14千字
书　　号　ISBN 978-7-5561-1781-9
定　　价　68.00元

营销电话：0731-82683348　（如发现印装质量问题请与出版社调换）